KB133783

쓰면, 보이지
내 마음

별쌤 이종희 지음

쓰면,

보이지
내 마음

글담출판

내 마음을 만나러 물음여행을 떠나 볼까요? ♥

자신감 있는 나,
집중해서 공부하는 나,
가슴 뛰는 꿈을 찾는 나.

행복한 나를 발견하고 만나는 여행은
'밖'이 아닌 '안'으로의 여행입니다.

자신감은 나를 믿는 힘입니다.
집중력은 마음을 집중하는 힘입니다.
가슴 뜀은 설레고 두근거리는 마음입니다.

이렇듯 일상의 모든 영역이 마음과 연결되어 있습니다.

내 마음이 좋지 않으면
모든 것이 다 싫고 힘들지만
내 마음이 좋으면
모든 것이 긍정적으로 보입니다.
마음의 상태(state of mind)가 삶의 핵심입니다.

자문자답 청소년 마음 편은
감정과 생각, 관계와 일상
마음의 패턴과 습관에 대한 물음을 통해
내 마음을 만나는 여행을 안내합니다.

그 질문들과 친구가 되어
함께 묻고 답하다 보면

감정의 주인으로 산다는 것은 무엇인지
마음의 힘은 어떻게 키울 수 있는지
친구(가족) 관계와 일상을 더 행복하게 가꾸어 가는 방법은 무엇인지를
직접 경험하고 배울 수 있을 거예요.

책의 흐름에 따라 순서대로 물음을 따라가도 좋고
왠지 끌리는 질문을 먼저 만나 보아도 좋습니다.
또 답을 한 줄만 적어도 충분해요. 그림으로 표현해도 좋아요.

이 책과 함께하는 여행이
재미있고 의미 있는 시간이 되기를 바랍니다.

새로운 여행을 시작하는 나의 친구들을 축하하고 응원하며
별쌤 이종희

감사하는	만족스러운	동기 부여된
여유로운	행복한	자랑스러운

재미있는	쓸쓸한	피곤한
안전한, 안정적인	스트레스받은	슬픈
감동적인	충격받은	염려하는, 근심하는
유쾌한	두려운	화난
편안한	우울한	냉담한
고요한	짜증 나는	절망한
다정한	불편한	서운한

Q. 요즘 내가 자주 느끼는 다섯 개의 감정을 찾아 이름을 붙이고,
   캐릭터를 만들어 보세요

Q. 내 감정을 있는 그대로 인정하고 받아들이면 어떤 일이 일어날까요?

Q. 나는 내 행복을 책임질 유일한 사람이에요

Q. 행동이 감정을 바꿀 수 있을까요?

Q. 평소 주변 사람에게 감정을 잘 표현하나요? 그렇지 않다면 그 이유는 무엇인가요?

Q. 감정을 자주 표현하면 일상이 어떻게 달라질까요?

(part 2) **가지고 싶어, 단단한 자존감**   68

Q. 나는 나를 얼마나 사랑하나요?

Q. '행복 이름'을 지어 볼까요?

Q. 나에 대한 부정적인 꼬리표가 있나요?

Q. 나에 대한 부정적인 꼬리표들은 언제, 어떻게 생겼나요?

Q. 나에 대한 부정적인 생각이 내게 어떤 영향을 미치는 것 같나요?

Q. 나에 대한 부정적인 생각을 긍정적으로 바꿔 볼까요?

Q. 생각 바꾸기 연습으로, 나에 대한 이미지를 바꿔 보니 어떤가요?

Q. 평소 자주 사용하는 말이 있나요?

Q. 스스로에게 "괜찮아!"라고 말해 준 적이 있나요?

Q. 언제 "나는 할 수 있다!"라는 말이 필요할까요?

Q. 계속 미루고 있는 일이 있나요?

Q. 다른 사람과 비교하거나 의식하여 스스로 작아질 때가 있나요?

Q. 지금까지 살면서 내가 들은 최고의 칭찬은 무엇인가요?

Q. 요즘 나에게 가장 힘이 되고 위로가 되는 칭찬의 말은 무엇인가요?

Q. "고마워" "사랑해"라는 말을 평소 자주 사용하나요? 최근 사용한 적 있나요?

Q. 나와 친하게 지내려면 어떻게 하면 좋을까요?

part 3   잘 지내고 싶어, 친구도, 가족도   **94**

Q. 내가 생각하는 친구란 어떤 존재인가요?

Q. 내게 가족은 어떤 의미인가요?

Q. 언제나 내 편이 되어 주는 소중한 사람이 있나요?

Q. 평소 친하게 지내고 싶은 사람은 어떤 사람인가요?

Q. 같이 있으면 불편하고 힘든 사람이 있나요?

Q. 나를 좋아하지 않는 사람과 어떻게 지내야 할까요?

Q. 다른 사람이 나를 어떻게 기억해 줬으면 좋겠나요?

Q. 친구(가족)와 더 잘 지내기 위해 나는 무엇을 할 수 있을까요?

part 1

알고 싶어, 내 마음

Q. 평소 '나' 하면 어떤 생각들이 떠오르나요?

성실하다, 웃음이 많다 등등, 떠오르는 대로 자유롭게 적어 보세요.

난 웃음이 많다냥~

♣ 적은 내용 중에 나를 소개하고 싶은 키워드 3가지를 선택해 볼까요?

1.

2.

3.

Q. 지금 나는 어떤 감정을 느끼고 있나요?

현재 내 감정을 정확히 알기 어려울 수도 있습니다. 내 감정인데도 말이지요. 그래도
괜찮아요. 중요한 것은 내 마음에 관심을 갖기 시작했다는 거예요. 지금 내 마음을 알
아주는 것이 나를 사랑하는 방법의 시작입니다.

Q. 평소 어떤 감정을 자주 느끼나요?

자주 느끼는 감정이 무엇인지에 따라 우리가 공부, 관계, 일상에서 느끼는 행복감과 만족감이 달라져요.

Q. 피하고 싶은 감정은 무엇인가요?

나를 유독 힘들게 하는 감정이 있어요. 시도 때도 없이 짜증이 나서 힘들 수도 있고, 친구 관계에서 느끼는 소외감 때문에 괴로울 수도 있어요. 이렇듯 가족이나 친구와의 관계에서 혹은 어떤 상황에서 경험하게 되는 감정 중 피하고 싶은 감정이 있나요?

Q. 자주 느끼고 싶은 감정은 무엇인가요?

'여유로운', '편안한', '재미있는' 등, 우리를 행복하게 해주는 감정이 많아요. 그중에
서 많이 머물고 싶은 감정은 무엇인가요?

Q. 지금 느끼는 감정이 나일까요?

우리는 보통 감정을 표현할 때 "나는 슬퍼." "나는 기뻐."라고 말해요. '나 = 감정'이라는 공식에 대해 생각해 봅니다.

_____

_____

_____

_____

_____

_____

_____

_____

_____

_____

감정은 소중한 친구지만 감정이 곧 '나'는 아니에요. 아무리 친한 친구라도 너무 의지하고 의존하면 건강하지 못한 관계가 되듯이 감정을 나와 동일시하는 것은 조심해야 합니다.

Q. 감정은 어떻게 만들어지는 걸까요?

화가 났던 상황을 떠올려 봅니다. 왜 그때 화가 났었나요? 누군가의 말이나 행동이 내 마음속 화 버튼을 눌렀기 때문일까요? 그러니 당연한 결과인 걸까요?

사실 누군가의 말이나 행동이
나를 '화나게' 할 수는 없어요.

똑같은 상황을 겪어도
어떤 사람은 화를 안 내기도 하잖아요.

그럼 왜 화가 나는 걸까요?

내 생각이 화라는 감정을 만드는 거예요.
감정을 만들어 내는 주체는 바로 '나'예요.

화를 만든 게 나였다니.

Q. 감정을 이해하는 것이 나를 이해하는 데 어떤 도움이 될까요?

감정을 통해 나를 알 수 있습니다. 내가 무엇을 좋아하는지, 무엇을 원하는지, 어떤 삶을 살고 싶은지를 알아차리게 하고 현재 내 상태를 알려 줘요. 감정이 나를 이해하는 데 도움이 된 경험이 있다면 적어 보세요.

Q. 나는 얼마나 많은 감정 표현을 알고 있을까요?

떠오르는 어휘를 모두 적어 보세요. 그리고 그 숫자를 세어 보세요.

(   ), (   ), (   ),

(   ), (   ), (   ),

내가 알고 있는 감정 어휘는 (   )개입니다.

다양한 감정 표현을 알아볼까요?

왜 내 감정을 정확히 설명하기 어려울까요? 그건 감정 어휘를 잘 모르기 때문이에요. 감정 어휘를 많이 알수록 나를 더욱 잘 이해하게 돼요.

다음 감정표(24쪽)를 살펴보세요. 엄청 다양한 감정 어휘가 있지요?
이 감정표를 '무드미터'라고 해요. 『감정의 발견』(마크 브래킷, 북라이프)이라는 책에서 소개되는데요. 이 표의 장점은 긍정적인 감정과 부정적인 감정을 구분하지 않는다는 거예요. 오로지 '쾌적함'과 '활력'이라는 기준을 통해 감정 상태를 파악하게 도와요. 왠지 부정적인 감정이라고 하면 느껴서는 안 되는 감정 같잖아요. 그런 선입견 없이 오롯이 내 감정을 들여다보고 표현할 수 있도록 도와줘요.

가로축 쾌적함은 즐거움, 기분 좋음을,
세로축 활력은 생명력, 에너지 즉 감정 에너지가 넘치는 상태를 뜻해요.

감정표를 보는 방법을 예로 들어볼게요.
시험 기간, 도서실에 갔는데 중요한 문제집을 두고 왔다고 상상해 보세요. 당장 내일이 시험이라 시간도 별로 없는데, 문제집을 집인지, 학교인지 어디에 두고 왔는지 모르겠어요. 그 순간 내 감정은 차분한 상태에서 벗어나 날뛰고 격해질 거예요. 그렇다면 지금 현재 내 감정은 쾌적함은 저조한 편에 속하고, 에너지 수준은 높으니, 맨 위 왼쪽 사분면에 속할 거예요.
또 다른 예를 들어볼까요?
시험 공부를 제대로 못해서 점수가 좋지 않을 걸 생각하니 마음이 우울하고
기운이 없어요. 그렇다면 이때 내 감정은 쾌적함은 저조한 편에 속하고 에너
지 수준은 낮으니 맨 아래 왼쪽 사분면에 속하겠지요.

MOOD METER
무드미터

격분한	공황에 빠진	스트레스받는	초조한	충격받은
격노한	몹시 화가 난	좌절한	신경이 날카로운	망연자실한
약이 오른	겁먹은	화난	초조한	안절부절못하는
불안한	우려하는	근심하는	짜증 나는	거슬리는
불쾌한	골치 아픈	염려하는	마음이 불편한	언짢은
역겨운	침울한	실망스러운	의욕 없는	냉담한
비관적인	시무룩한	낙담한	슬픈	지루한
소외된	비참한	씁쓸한	기죽은	피곤한
의기소침한	우울한	뚱한	기진맥진한	지친
절망한	가망 없는	고독한	소모된	진이 빠진

활력 높음 High Energy

활력 낮음 Low Energy

쾌적함 낮음 Low Pleasantness

놀란	긍정적인	흥겨운	아주 신나는	황홀한
들뜬	쾌활한	동기 부여된	영감을 받은	의기양양한
기운이 넘치는	활발한	흥분한	낙관적인	열광하는
만족스러운	집중하는	행복한	자랑스러운	짜릿한
유쾌한	기쁜	희망찬	재미있는	더없이 행복한
속 편한	태평한	자족하는	다정한	충만한
평온한	안전한	만족스러운	감사하는	감동적인
여유로운	차분한	편안한	축복받은	안정적인
한가로운	생각에 잠긴	평화로운	편한	근심 걱정 없는
나른한	흐뭇한	고요한	안락한	침착한

← ━━━━━━━━ **쾌적함 높음** High Pleasantness ━━━━━━━━ →

Q. 감정표를 활용해서 나만의 감정 사전을 만들어 보세요

가장 마음에 드는, 혹은 이유는 없지만 왠지 끌리는 감정 어휘(또는 느낌 단어)를 하나 선택해서 나의 언어로 표현해 봅니다.

♣ 감정 사전 만드는 법

1. 감정 어휘를 선택합니다.
2. 선택한 감정 어휘의 느낌을 그림으로 표현해 봅니다.
3. 감정 어휘에 대한 나만의 설명을 적어 봅니다.

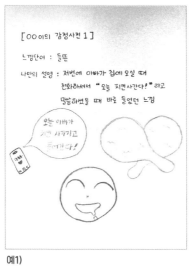

예1)

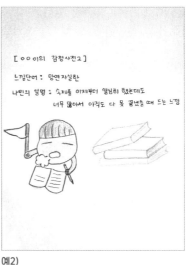

예2)

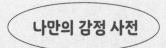

나의 감정 사전을 친구 또는 가족에게 보여 주고 나와 같은 감정을 느낀 적이 있는지, 언제 그런 감정을 느꼈는지 이야기를 나누어 보세요.

'좋다'라는 느낌도 '기쁜', '유쾌한', '행복한', '들뜬' 등으로 다양하게 표현할 수 있습니다. 이렇게 다양한 감정 어휘를 사용해 보세요.

Q. 감정 어휘로 나의 마음을 살펴볼까요?

무드미터의 감정 어휘와 연관된 질문을 통해 나의 일상을 들여다볼 수 있어요. 내 감정에 대해 더욱 분명하게 알게 될 거예요.

♣ 감사하는

오늘 하루 감사했던 일이 있나요? 무엇인가요?

♣ 여유로운

가장 여유를 느끼는 순간이 언제인가요? 그런 순간 중 한 장면을 구체적으로 떠올려 볼까
요? 바쁠 때와 그렇지 않을 때 말과 행동이 달라지는 편인가요? 이때 자주 쓰는 말과 행동
이 있나요?

♣ 만족스러운

지난 한 주를 돌아보세요. 가장 만족스러운 하루였다고 생각되는 날이 있나요? 평소 나는
무엇을 할 때 만족감을 느끼나요?

♣ 행복한

행복이라는 단어를 들으면 무엇이 가장 먼저 떠오르나요? 가장 행복했던 기억, 나를 행복하게 하는 사람, 행복하게 하는 말 등 무엇이든 좋습니다.

♣ 동기 부여된

열정을 갖고 하고 있는 일이 있나요? 과거 열정을 쏟았던 일이나 앞으로 열정을 쏟고 싶은 일을 적어 보세요.

♣ 자랑스러운

지금까지 살면서 가장 자랑스러웠던 일은 무엇인가요? 자신감이 차오르고 자부심을 느꼈던 순간을 떠올려 봅니다.

게으르지 않고 성실한
내가 자랑스러워~.

365일 하루도
빠지지 않고
아침마다 울었닭!

♣ 재미있는

무엇을 할 때 재밌나요? 내가 재미를 느끼는 활동 3가지를 적어 보세요. 어떤 공통점이 있
나요?

난 춤추는 게 재밌지~.

♣ 안전한, 안정적인

긴장되거나 불안할 때 떠오르는 사람이 있나요? 마음을 진정시키는 나만의 방법이 있나요?

♣ 감동적인

감동받은 경험이 있나요? 작고 소소한 이야기라도 괜찮아요.

♣ 유쾌한

무슨 활동을 할 때 가볍고 유쾌한 기분을 느끼나요? 산책이나 달리기, 샤워하기, 노래 부르기, 맛있는 음식 먹기, 맘껏 웃을 수 있는 영상 보기…, 무엇이든 좋아요.

♣ 편안한

가장 편안한 공간은 어디인가요? 또 가장 편안한 시간은 언제인가요? 내게 편안함을 주는 것들을 적어 봅니다.

난 집이 제일 편안해~.

♣ 고요한

그 누구의 시선이나 말에도 영향을 받지 않고 늘 마음의 상태가 고요하다면 어떨까요? 마음 한 자락에 그런 공간을 만들어 두고 때때로 쉬어 갈 수 있다면 어떨까요?

♣ 다정한

내가 들은 가장 다정한 말은 무엇인가요? 나는 누구에게 어떤 다정한 말을 해주고 싶나요?

♣ 쓸쓸한

외롭다고 느낀 적이 있나요? 언제 그런 느낌을 받았나요? 그럴 때는 어떻게 하나요?

♣ 스트레스받은

최근 극도로 긴장했던 적이 있나요? 주로 무엇을 할 때, 어떤 상황에서 긴장을 하고 스트레스를 받나요?

왜 자꾸 따라오는 거야?
스트레스다! 찍!

♣ 충격받은

가슴 아픈 일이나 뜻밖의 일이 일어난 적 있나요? 그런 일이 생겼을 때 어떻게 받아들이나요?

♣ 두려운

지금까지 살면서 가장 두려웠던 일은 무엇인가요? 두렵지만 용기 내어 할 수 있는 일에는
무엇이 있나요?

♣ 우울한

우울할 때 나를 돌보기 위해 무엇을 할 수 있을까요?

♣ 짜증 나는

최근 가장 짜증이 났던 때는 언제인가요? 짜증이 난 이유는 무엇인가요?

건드리지 말라냥~!

♣ 불편한

불편한 느낌에도 좋은 점이 있을까요?

♣ 피곤한

요즘 컨디션은 어떤가요? 잠을 충분히 자고 있나요? 그렇지 못하다면 그 이유는 무엇인가
요?

♣ 슬픈

최근 눈물을 흘린 적은 언제인가요? 자주 슬픈 감정을 느끼나요?

♣ 염려하는, 근심하는

요즘 내가 자주 하는 걱정을 10개 정도 적어 보세요. 그중에서 실제 일어날 확률이 높은 것
은 몇 개인가요?

♣ 화난

나를 가장 화나게 하는 것(말, 행동, 상황, 사람 등)은 무엇인가요? 화가 나면 주로 어떻게 표현
하나요?

화가 난다!
부숴 버리겠다냥!

♣ 냉담한

거리를 두고 싶은 사람이 있나요? 이유는 무엇인가요? 언제까지 그 거리를 유지하고 싶나
요?

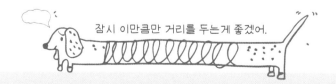

잠시 이만큼만 거리를 두는게 좋겠어.

♣ 절망한

크게 실망하거나 절망한 경험이 있다면 적어 봅니다. 그때 어떻게 이겨 냈나요? 이런 경험을 잘 딛고 일어난다면, 나는 어떤 사람이 되어 있을까요?

♣ 서운한

친구나 가족에게 서운했던 적이 있나요? 다른 사람이 내게 어떻게 대해 주기를 원하나요?

Q. 요즘 내가 자주 느끼는 다섯 개의 감정을 찾아 이름을 붙이고, 캐릭터를 만들어 보세요

애니메이션 〈인사이드 아웃〉에는 다섯 명의 감정 캐릭터(기쁨이, 슬픔이, 버럭이, 소심이, 까칠이)가 나와요. 이 캐릭터를 떠올리면 이해가 쉬울 거예요. 요즘 내가 자주 느끼는 핵심 감정을 찾아 나만의 캐릭터로 표현해 보세요.

♣ 나의 감정 캐릭터 만들기 I

이름 : _____

설명 : _____

_____

_____

이미지 :

♣ 나의 감정 캐릭터 만들기 Ⅱ

이름 : _____

설명 : _____

_____

_____

이미지 :

♣ 나의 감정 캐릭터 만들기 Ⅲ

이름 : _____

설명 : _____

_____

_____

이미지 :

♣ 나의 감정 캐릭터 만들기 Ⅳ

이름 : _____

설명 : _____

_____

_____

이미지 :

♣ 나의 감정 캐릭터 만들기 V

이름 : _____

설명 : _____

_____

_____

_____

이미지 :

Q. 내 감정을 있는 그대로 인정하고 받아들이면 어떤 일이 일어날까요?

_____

_____

_____

_____

_____

_____

영화 〈인사이드 아웃〉에서 처음에는 '슬픔이'가 구박을 받지만 마지막에는 '슬픔이'가 있었기 때문에 '라일리(주인공)'가 행복할 수 있었다는 걸 보여 줍니다.

부정적인 감정, 긍정적인 감정으로 나누지 않아도 돼요. 모든 감정이 가장 친한 친구처럼, 내 편이 되어 주고 나를 도와줘요.

어떤 감정이 찾아와도 **'있는 그대로 허용'** 해 봅니다. 물이 흐르지 못하면 고이듯이 부정적이라고 생각하는 감정을 무시하고 피하면, 감정도 쌓이게 됩니다. 그렇게 쌓이다가 엉뚱한 곳에서 빵~ 하고 터지기도 하고, 표현되지 못한 감정이 몸과 마음을 아프게 할 수도 있어요.

나 자신에게 이렇게 말해 주세요.

괜찮아.
지금 이 감정을 느낄 수도 있어.
그래도 괜찮아.

Q. 나는 내 행복을 책임질 유일한 사람이에요

내 행복을 책임질 유일한 사람은 누구일까요? 바로 나 자신이에요. 아무리 나를 사랑해
주는 부모님도 내 행복을 책임져 줄 수는 없어요.

거울을 보며 "나는 내 행복을 책임질 유일한 사람이야." 라고 외쳐 보세요. 어떤 느낌(생
각)이 드나요?

"나는 내 행복을 책임질 유일한 사람이야."

이 문장을 적어서 내 방 거울 또는 화장실 거울에 붙여 보세요.
A4 용지에 큰 글씨로 프린트해도 좋고 손글씨로 적어도 좋아요.
그리고 거울에 비친 나를 보고 말해 줍니다.

"지금 보고 있는 나는, 내 행복을 책임질 유일한 사람이야."
"나는 나를 행복하게 해줄 거야."

숨을 깊게 들이마시고 편안하게 내쉬어요.
하지만 진솔하게 내 눈을 바라보며 말합니다.
한 번, 두 번, 세 번, 반복해서 말합니다.

내 행복을 책임질 유일한 사람이 나라는 선언은
내가 삶의 주인공(주체)이며,
행복은 나의 선택과 책임이라는 것을 인정하는 행동입니다.

Q. 행동이 감정을 바꿀 수 있을까요?

21일 동안 매일 거울을 보면서 나는 내 행복을 책임질 유일한 사람이라고 외쳐 보세요. 이후 달라진 점이 있나요? 어떤 경험을 했는지 적어 보세요.

지금까지 내 감정을 정확히 알아보고 인정하는 연습을 했어요.
행동을 통해 감정을 바꿀 수 있음을 알게 되었을 거예요.

내가 나를 행복하게 해주기로 마음먹고
사소한 것일지라도 노력하다 보면
모든 일이 잘되고 가족, 친구와의 관계도 더 좋아져요.

Q. 평소 주변 사람에게 감정을 잘 표현하나요? 그렇지 않다면 그 이유는 무엇인가요?

우리는 자신의 감정을 솔직히 드러내는 걸 힘들어해요.

Q. 감정을 자주 표현하면 일상이 어떻게 달라질까요?

감정을 표현하는 것이 나의 약함을 드러내는 것처럼 생각될 수 있지만 그렇지 않아요. 다양한 감정 어휘를 사용한다는 것은 그만큼 관계와 일상에서 나를 행복하게 만드는 선택권이 많아진다는 뜻이에요.

part 2

가지고 싶어, 단단한 자존감

Q. 나는 나를 얼마나 사랑하나요?

사랑의 정도를 1~10 사이에서 체크해 보고, 그렇게 생각한 이유를 적어 보세요.

♣ 점수를 준 이유

_____

_____

_____

_____

_____

_____

_____

_____

그림책『꽃들에게 희망을』(트리나 폴러스 지음, 김영무 옮김, 분도출판사)에는
이유도 모른 채 위로만 올라가려고 하는 애벌레들이 나옵니다.
주인공인 줄무늬 애벌레 역시 그 행렬에 끼어
위로 올라가던 어느 날 행동을 멈추고 기둥을 내려옵니다.
그리고 용기 있게 자신만의 길을 찾기로 결심하고
누에고치를 만들기 시작하지요.
시간이 지난 후 줄무늬 애벌레는 나비가 되어 훨훨 날아오릅니다.

『꽃들에게 희망을』은
우리에게 애벌레 상태에서 벗어나
세상을 자유롭게 날아다니는 나비가 될 수 있다고
진심을 담아 이야기해 줍니다.
하지만 공부가, 친구들의 시선이, 부모님의 말 등등이
나를 자꾸만 움츠러들게 해요.
그 모든 것들로부터 나를 지킬 수 있도록
'나를 보물처럼 소중하게 아껴 주는 마음'을 가져 보면 어떨까요?
나는 아름답고 자유로운 나비니까요.

※『꽃들에게 희망을』과 함께
윤도현의 〈나는 나비〉를 들어 보길 추천합니다.

Q. '행복 이름'을 지어 볼까요?

나비로 성장하고 변화할 나를 위해 '행복 이름'을 지어 보세요. 그리고 그 이유를 적어 보세요. 꿀벌, 웃음처럼 들었을 때 기분이 좋아지는 단어, 사랑해, 고마워처럼 들으면 행복해지는 말, 소방관, 비행사처럼 나의 소망과 꿈을 담은 표현, 그 어떤 것도 좋아요.

Q. 나에 대한 부정적인 꼬리표가 있나요?

자신에 대해 갖고 있는 부정적인 꼬리표가 있나요? 주변 사람들이 내게 자주 하는 말이나 평상시 스스로 종종 표현하는 말이 있는지 떠올려 보세요. 또 그 꼬리표가 정말 사실일지 근거를 찾아 판단해 보세요.

예) 나는 게으르다.

근거 : 주말에 10시 이후에 일어난다. 약속 시간을 못 지킨다. 청소를 일주
일에 한 번 한다.

Q. 나에 대한 부정적인 꼬리표들은 언제, 어떻게 생겼나요?

어떤 계기나 이유가 있다면 적어 보세요.

Q. 나에 대한 부정적인 생각이 내게 어떤 영향을 미치는 것 같나요?

나에 대한 부정적인 생각을 떠올리면 어떤 기분이 드나요? 이 생각을 계속 가지고 있을 이유가 있을까요?

못할 것 같다고 생각하니 진짜 못하게 되는 것 같아.

Q. 나에 대한 부정적인 생각을 긍정적으로 바꿔 볼까요?

나에 대한 부정적인 꼬리표를 정반대의 긍정 문장으로 바꾸어 보고 그 근거를 찾아 보세요.

예) 나는 게으르다. → 나는 부지런하다.

근거 : 등교 시간을 잘 지킨다. 숙제를 잘 해간다. 갖고 싶은 것이 있으면 사 기 전에 정보를 검색해 본다.

♣ 긍정 문장으로 바꿔 보기

_____

_____

_____

_____

_____

_____

_____

_____

Q. 생각 바꾸기 연습으로, 나에 대한 이미지를 바꿔 보니 어떤가요?

내게 붙은 부정적인 꼬리표를 잘라내고 자신에 대해 긍정적인 이미지를 가지는 연습을 해보니 어떤가요? 어떤 느낌이 드나요?

20세기를 대표하는 사상가이자 정신의학자인 빅터 프랭클은
『빅터 프랭클의 죽음의 수용소에서』(이시형 옮김, 청아출판사)라는 책에서
세상에서 가장 창조적인 말을 소개합니다.

'그럼에도 불구하고'

이 말인데요. 아무리 상황이 어려워도 그럼에도 불구하고
희망을 갖는 것, 긍정의 관점(긍정의 시각, 긍정의 생각)을 가지는 것이
삶의 핵심이라는 뜻이에요.

생각 바꾸기 연습을 해보니 어땠나요?
생각을 바꿔서 긍정적인 관점을 갖고 근거를 찾아보니 어땠나요?
부정적인 관점(생각)에 대한 근거를 찾을 수 있었던 것처럼,
정반대되는 생각이어도 그 관점(생각)에 대한 근거를 찾을 수 있었을 거예요.

나도 모르는 사이에 나에 대한 부정적인 꼬리표가 붙을 수 있어요.
친구나 부모님의 말이 꼬리표가 되어 나를 힘들게 할 수도 있고요.
스트레스를 받다 보면 내가 나를 힘들게 하는 생각을 할 수도 있어요.

하지만 '그럼에도 불구하고' 우리는 '긍정의 관점'을 선택할 수 있어요.
이렇게 생각을 바꿀 수 있는 힘을 '자유'라고 해요.
나 스스로 원하는 생각을 할 수 있을 때 진짜 자유롭다고 해요.

나 자신이 너무 초라하게 느껴져 힘들다면,
나도 모르는 사이에 남들이 붙인 부정적인 꼬리표를 포스트 잇처럼
여기저기 달고 있는 건 아닌지 살펴보세요.

누군가 나를 감시하고 무시하는 시선으로 바라봐요.
그게 다 느껴져요. 그러면 어때요? 싫죠. 마음이 힘들어요.
마찬가지예요. 자신에 대해 부정적인 생각을 갖고 있다는 건
내가 나를 부정적인 관점으로 본다는 거예요.
그런 관점을 갖고 있으면 몸도 마음도 불편해요.

그럴 때는 어떻게 해요? 바꾸면 돼요.
긍정의 관점으로 생각을 바꿀 수 있어요.
생각을 바꿀 수 있는 힘이 (   )!

괄호 안에 들어갈 단어가 뭐였죠? ^^

나를 힘들게 하는 생각도
바꿀 수 있다냥~!

Q. 평소 자주 사용하는 말이 있나요?

내가 사용하는 언어에 대해 생각해 본 적이 있나요? 습관처럼 자주 쓰는 단어나 문장은 무엇인가요?

문제 없어!

귀찮아~.

한번만~.

휴….

Q. 스스로에게 "괜찮아!"라고 말해 준 적이 있나요?

만약 아직 없다면 무엇에 대해 괜찮다고 말해 주고 싶나요?

느리지만
끝까지 해냈으니 괜찮아!

Q. 언제 "나는 할 수 있다!"라는 말이 필요할까요?

"나는 할 수 있다!"는 말을 외쳐 보세요. 무엇이든 할 수 있는 사람이 된 듯한 기분이 들 거예요. 특히 해내고 싶은 일이 있다면 그 말을 붙여서 외쳐 보세요.

☆ 나는 _____ 할 수 있다.

☆ 나는 _____ 할 수 있다.

☆ 나는 _____

_____ 할 수 있다.

☆ 나는 _____

_____ 할 수 있다.

☆ 나는 _____

_____ 할 수 있다.

Q. 계속 미루고 있는 일이 있나요?

말만 하고 미루고 있는 일이 있나요? 미뤄 두었던 일을 지금 즉시 해보세요. 나 자신
이 조금 더 나은 사람이 된 듯 뿌듯한 기분이 들 거예요.

♣ 미루고 있는 일

♣ 실천 후 기분

Q. 다른 사람과 비교하거나 의식하여 스스로 작아질 때가 있나요?

그 순간을 적어 보세요. 다른 사람을 의식하느라 움츠러들고 스트레스받을 때 어떻게 하면 좋을까요? '눈치 보지 않기! 당당한 나'를 선언해 봅니다.

눈치 보지 않기! 당당한 나!

Q. 지금까지 살면서 내가 들은 최고의 칭찬은 무엇인가요?

칭찬을 해준 사람은 누구였나요? 칭찬을 들었을 때 어떤 기분이었나요?

Q. 요즘 나에게 가장 힘이 되고 위로가 되는 칭찬의 말은 무엇인 가요?

들으면 참 기분이 좋고 힘이 나는 말, 내가 가장 듣고 싶은 칭찬을 적은 뒤 나에게 해 줍니다.

Q. "고마워" "사랑해"라는 말을 평소 자주 사용하나요? 최근 사용한 적 있나요?

"고마워" "사랑해"라는 말을 사용해 문장을 만들어 보세요. 그리고 한 주간 사용해 본 뒤 무엇이 달라졌는지 적어 보세요. 어떤 경험을 했나요?

♣ 친구에게

☆ 네가 내 친구여서 정말 고마워.

☆ 항상 내 편이 되어 줘서 고마워.

☆

☆

☆

☆

☆

☆

☆

☆

네가 내 친구여서
정말 좋아. ♥

♣ 부모님께

★ 엄마, 아빠가 우리 부모님이어서 참 좋아요. 사랑해요.

★ 늘 맛있는 요리를 해주셔서 고맙습니다.

★

★

★

★

★

★

★

★

★

♣ 나에게

☆ 속상한 일이 있어도 씩씩하게 잘 지내 줘서 고마워.

☆ 시험 기간 내내 열심히 공부하느라 애썼어. 고마워.

☆ 내가 나인 게 참 좋아. 사랑해

☆

☆

☆

☆

☆

☆

☆

☆

Q. 나와 친하게 지내려면 어떻게 하면 좋을까요?

나 자신을 사랑하고 아껴 주며 친하게 지내는 게 무엇보다 중요해요. 나와 친하게 지내는 방법에는 무엇이 있을까요? 고민해서 적어 보세요.

『물은 답을 알고 있다』(홍성민 옮김, 더난출판사)라는 책에서
에모토 마사루 과학자는 아주 흥미로운 실험을 소개합니다.
물에게 "싫어." "짜증나." "고마워." "사랑해." 등의 말을 걸거나
글을 보여 주고 사진을 찍은 건데요.
먼저 사랑, 감사라는 글을 보여 주었을 때의 사진이에요.

물의 결정이 선명하고 아름다워요.
"고맙습니다."라는 말을 각 나라의 언어로 보여 주기도 했는데요.
물의 결정 모습이 저마다 달랐어요.
물이 외국어를 할 수 있어서는 아니겠죠.
과학이 발달하면서 말과 글에는 '에너지'가 담겨 있고
'파동'을 통해서 이 에너지가 전달된다는 사실이 증명됐어요.
그래서 말에 따라 여러 모양이 나타나고 있는 거예요.

"그렇게 해주세요." 물의 결정

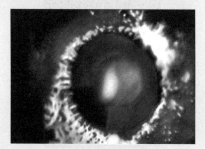

"그렇게 해!" 물의 결정

우리가 평소 대화를 나눌 때 똑같은 말일지라도
그 뉘앙스가 조금씩 달라지지요?
정말 기뻐하며 "정말 좋겠다!" 하고 말하는 것과 약간 비꼬듯이
"정말~ 좋겠구나~." 하고 말하는 건 의미하는 바가 전혀 달라요.
이처럼 말을 통해서 내용뿐 아니라 분위기 역시 같이 전달되는데,
그걸 에너지 또는 파동이라고 할 수 있어요.
당연히 부모님의 칭찬에 담긴 에너지와 잔소리에 담긴 에너지가
다르다는 것도 느낄 수 있지요.

이번에는 부정적인 말을 보여 줬을 때 물의 결정이
어떤 모양으로 나타나는지 보겠습니다.

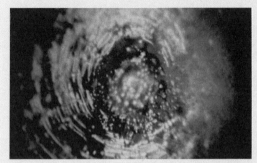

"짜증 나!" 물의 결정

이전까지와는 전혀 달라요.
사람에게 상처를 주는 말, 부정적인 말("그렇게 해!" "짜증 나!")은
하나같이 결정을 만들지 못했어요.

우리 몸은 70%가 물로 이루어졌다고 해요.
물에 대한 실험을 통해 말이
우리에게 얼마나 큰 영향을 주는지 배울 수 있어요.
그러니 친구나 가족에게 그리고 나 자신에게도
긍정적인 말을 사용하는 습관이 매우 중요해요.

part 3

잘 지내고 싶어, 친구도, 가족도

Q. 내가 생각하는 친구란 어떤 존재인가요?

나의 친구 관계에 대해 생각해 봅니다. 어떤 친구 관계를 만들어 가고 싶나요?

예) 가족보다 더 가까운 존재, 함께하면 재밌고 즐거운 존재

Q. 내게 가족은 어떤 의미인가요?

가족에 대해 생각해 보세요.

예) 없어서는 안 되는 소중한 존재지만 때로는 너무 짜증 난다.

Q. 언제나 내 편이 되어 주는 소중한 사람이 있나요?

그 사람이 소중해진 계기나 이유가 있나요?

Q. 평소 친하게 지내고 싶은 사람은 어떤 사람인가요?

재밌는 사람? 본받을 점이 있는 사람? 같이 있기만 해도 편안한 사람? 어떤 사람과
친해지고 싶나요? 친해지고 싶은 사람들의 공통점이 있나요?

나비야, 너와
친해지고 싶어~.

Q. 같이 있으면 불편하고 힘든 사람이 있나요?

유독 나와 맞지 않는 사람이 있어요. 그 사람의 어떤 면이 나를 힘들게 하는 것 같은지 적어 보세요.

Q. 나를 좋아하지 않는 사람과 어떻게 지내야 할까요?

그 사람이 나를 좋아하도록 노력하는 것도 하나의 방법이지만, 이는 대단히 어려워요. 그러니 내가 행복하고 편한 방법으로 찾아보세요.

1. 나를 싫어하는 사람을 신경 쓰지 않는다.

그 사람의 말이나 행동에 '반응하지 않도록' 노력한다.

2.

3.

4.

5.

Q. 다른 사람이 나를 어떻게 기억해 줬으면 좋겠나요?

"맞아. 그 친구는 정말 ~~~ 한 친구였어." 시간이 지난 후 친구들이 나를 어떻게 기억했으면 좋겠나요?

☆ 맞아. (   )는 정말 _____ 한 친구였어.

☆ 맞아. (   )는 정말 _____ 한 친구였어.

☆ 맞아. (   )는 정말 _____ 한 친구였어.

☆ 맞아. (   )는 정말 _____

_____ _____ 한 친구였어.

☆ 맞아. (   )는 정말 _____

_____ 한 친구였어.

☆ 맞아. (   )는 정말 _____

_____ 한 친구였어.

Q. 친구(가족)와 더 잘 지내기 위해 나는 무엇을 할 수 있을까요?

사소한 노력으로 사이가 더 좋아질 수 있어요. 친구(가족)가 좋아하는 건 무엇인가요?
좋아하는 음식은요? 좋아하는 것에 대해 생각해 보는 것도 방법이에요.

Q. 다른 사람의 부탁에 거절을 잘하는 편인가요?

나는 거절을 잘하는 사람인가요? 거절하고 싶었는데 하지 못한 경험이 있다면 적어 보세요.

Q. 어떻게 말해야 거절을 잘할 수 있을까요?

단호하면서도 정중하게 의사를 표현할 수 있어야 해요. 어떻게 정중하게 거절할 수 있을지 적어 보세요.

예) 미안하지만 안 될 것 같아. 고맙지만, 괜찮아.

Q. 최근 주변 사람에게 칭찬의 말을 건넨 적 있나요?

누구에게, 왜, 어떤 칭찬을 했나요?

♣ 누구에게

_____

_____

_____

♣ 이유

_____

_____

_____

♣ 칭찬 내용

_____

_____

_____

Q. 대가를 바라지 않고 친절을 베풀어 본 적이 있나요?

지혜와 부의 상징인 솔로몬 왕은 "대가를 바라지 않고 친절을 베푸는 것이 인생 최고의 기쁨"이라고 했습니다. 그런 친절이 나의 습관이 되고 태도가 된다면 어떨까요?

♣ 어떤 친절을 베풀었나요?

_____

_____

_____

♣ 기분이 어땠나요?

_____

_____

_____

♣ 친절이 습관이 된다면 어떨까요?

_____

_____

_____

Q. 내가 생각하는 행복한 삶은 어떤 삶인가요?

구체적으로 그릴 수 있어야 이룰 수도 있어요. 그림으로 표현해도 좋아요. 그 목표를
위해 지금 당장 할 수 있는 일이 있다면 함께 적어 봅니다.

Q. 내 삶에서 가장 중요한 한 가지는 무엇인가요?

다른 건 다 없어도 되지만 이것 하나는 꼭 있어야 하는 게 있나요? 나에게 가장 중요한 한 가지는 무엇인가요?

제일 소중해.

Q. 오늘 나에게 기적이 일어난다면, 어떤 기적을 바라나요?

어쩌면 우리의 일상은 이미 기적으로 가득 차 있을지도 몰라요.

Q. 아침을 행복하게 시작하고 있나요?

아침이 행복하면 하루가 행복하고, 하루가 행복하면 한 주가 행복하고, 한 주가 행복하면 한 달이, 일 년이 행복합니다. 아침을 행복하게 맞이하기 위한 나만의 계획을 세워 보세요.

예) 내가 좋아하는 노래로 알람을 맞춰 놓는다.

Q. 평소 오늘 하루도 잘 보냈다는 만족감을 느끼며 잠자리에 드나요?

오늘 어떤 하루를 보냈던, 잠자리에 드는 나에게 이렇게 말해 주세요. "오늘 하루도 애썼어, 충분해."

예) 어제 늦게 잠이 들어 너무 졸렸지만, 수업 시간에 졸지 않으려고 노력했다. 오늘 하루도 열심히 살았어, 충분해.

오늘 하루도 애썼어~.

Q. 오늘 하루를 돌아보고 작은 기쁨을 발견해 보세요

숨겨진 보물을 찾듯이 나만의 작은 기쁨을 발견해서 적어 보세요. 사람만이 '감탄'을
할 수 있어요. 시험에서 1등을 하거나 상을 받는 등 크고 멋진 일도 좋지만, 일상의 작
은 기쁨을 발견하고 오롯이 감탄할 수 있을 때 삶이 더 행복해져요.

1. (급식에 좋아하는 반찬이 나와서   ) 참~ 좋다.^^

2. (   ) 참~ 좋다.^^

3. (   ) 참~ 좋다.^^

Q. 소리 산책을 해보세요

아침, 점심, 저녁 어느 때라도 좋아요. 시간을 정해서 10~15분 정도 '소리 산책'을 해보세요. 산책하는 동안 어떤 소리를 들었나요? 그 소리를 들었을 때 느낌은 어땠나요?

♣ 어떤 소리가 들렸나요?

_____

_____

_____

_____

_____

♣ 그 소리를 들었을 때 느낌

_____

_____

_____

_____

_____

행복한 마음을 유지하는 법

'마음'은 곧 '뇌'라고 할 수 있어요. 우리 뇌는 신경회로로 이루어져 있습니다. 신경회로는 길이에요. 사람이 자주 다니는 등산로를 떠올려 보세요. 사람들이 많이 다녀서 매끈하게 길이 닦여져 있지요? 머릿속의 길도 마찬가지예요. 어떤 생각을 자주하면 그쪽으로 길이 생겨요. 그 생각을 반복할수록 길이 넓고 잘 닦이게 돼요.
즉 긍정적인 생각을 자주 할수록 긍정적인 생각을 더 잘할 수 있게 돼요. 반대로 부정적인 생각을 자주 하면 사소한 일에도 짜증이 나고 불평불만이 늘어나요.

때때로 내 바람과 다른 일이 일어나요. 마음을 힘들게 하는 어려운 문제와 맞닥뜨리기도 하지요. 그럴 때 내 마음을 지키고 긍정적인 마음을 유지하는 법을 같이 연습해 보려고 해요. 어떤 상황에서도 적용할 수 있어요.

예를 들어 부모님에게 "시험 기간인데 게임 그만하고 공부 좀 해야지."라는 소리를 들었다고 해봐요. 이때 '또 잔소리야?'라고 생각하면 마음이 어때요? 불편하고 싫어요. 이럴 때 '~구나, ~겠지, 감사'를 적용해 보는 거예요.

◆ ~구나 : 있는 그대로의 사실 관찰하기
'~구나'는 있는 그대로의 사실을 보고 듣는 태도입니다. '잔소리'라고 들은 건 내 해석이에요. 있는 그대로의 사실, 'fact'는 무엇일까요?

시험 기간이니, 엄마가 게임 그만하고 공부하라고 했다.

여기까지가 사실이에요.

◆ ~겠지 : 인정하기, 허용하기
'~겠지'는 인정하고 허용하는 태도입니다. '그럴 수도 있겠지' 하는 거죠. 그럴 수 없는 일은 없어요. 내 바람과 다른 일이 일어나는 게 우리의 일상입니다. 그렇게 일어난 일에 대해 인정하고 허용하는 마음이라고 할 수 있어요.

◆ 감사 : 긍정의 관점으로 생각 바꾸기
'감사'는 앞에서 배웠듯이, 그럼에도 불구하고 긍정의 관점으로 생각을 바꾸는 것입니다.

'그래도 엄마가 핸드폰을 뺏지 않아서 감사하다.'
'그래도 엄마가 간식을 챙겨 주셔서 감사하다.'
'엄마가 나를 걱정해 주셔서 감사하다.'
'나를 향한 사랑을?(^^) 이렇게 표현해 주셔서 감사하다.'

Q. 최근 일어났거나 기억에 남는 일 중 가장 싫었던 일은 무엇인 가요?

육하원칙(누가, 언제, 어디서, 무엇을, 어떻게, 왜)에 따라 구체적으로 적어 보세요.

♣ 누가

♣ 언제

♣ 어디서

♣ 무엇을

♣ 어떻게

♣ 왜

행복한 마음 유지하기 연습

♣ 이 일(상황)에 대해 '~구나, ~겠지, 감사'를 한번 적용해 보세요.

구나 :

겠지 :

감사:

♣ '~구나, ~겠지, 감사'를 적용해 보니 어땠나요?

내 마음의 안부를 자주 물어 주세요

지금 내 마음은 어떤가요?

수학 문제를 풀 때
꿈과 진로를 고민할 때
친구, 부모님과 대화할 때
게임을 하거나 놀 때
혼자만의 시간을 가질 때

의식적으로 내 마음의 안부를 묻는
습관을 가져 보세요.

내 마음을 알아주고 만나 주세요.

다양한 감정 어휘를 사용해서 마음을
표현해 주세요.

새로운 감정 습관과 행복 습관을 통해
우리 친구들의 일상이 더욱 건강하고
풍성해지기를 바랍니다.

쓰면, 보이지 내 마음

초판 1쇄 인쇄 2023년 3월 29일
초판 1쇄 발행 2023년 4월 10일

지은이 이종희 **펴낸이** 김종길
펴낸 곳 글담출판사 **브랜드** 글담출판

기획편집 이은지 · 이경숙 · 김보라 · 김윤아 **영업** 성홍진
디자인 손소정 **마케팅** 김민지 **관리** 김예솔

출판등록 1998년 12월 30일 제2013-000314호
주소 (04029) 서울시 마포구 월드컵로8길 41 (서교동 483-9)
전화 (02) 998-7030 **팩스** (02) 998-7924
블로그 blog.naver.com/geuldam4u **이메일** to_geuldam@geuldam.com

ISBN 979-11-91309-39-3 (44180)
      979-11-91309-38-6 (세트)

책값은 뒤표지에 있습니다.
잘못된 책은 바꾸어 드립니다.

만든 사람들 ————————
책임편집 이경숙 **디자인** 정현주

글담출판에서는 참신한 발상, 따뜻한 시선을 가진 원고를 기다리고 있습니다. 원고는 글담출판 블로그와 이메일을 이용해 보내주세요. 여러분의 소중한 경험과 지식을 나누세요.